Aurélien DEOUON

Les préfigurations Bibliques

Aurélien DEOUON

Les préfigurations Bibliques

C'est Lui le Messie!

Éditions Croix du Salut

Cover image: www.ingimage.com

Publisher:
Éditions Croix du Salut
is a trademark of
Dodo Books Indian Ocean Ltd. and OmniScriptum S.R.L publishing group

120 High Road, East Finchley, London, N2 9ED, United Kingdom
Str. Armeneasca 28/1, office 1, Chisinau MD-2012, Republic of Moldova, Europe
Printed at: see last page
ISBN: 978-620-6-17031-0

Introduction

Objectif du livret

Mon objectif en écrivant ce livret est d'explorer les préfigurations bibliques pour montrer subtilement que Jésus-Christ est le Messie annoncé par les Écritures. À travers des analyses approfondies et des références bibliques précises, je vous invite à découvrir comment des événements et des personnages de l'Ancien Testament trouvent leur accomplissement dans le Nouveau Testament à travers la vie et la mission de Jésus.

Je souhaite offrir une perspective qui ouvre un espace de réflexion personnelle et de découverte, sans imposer une croyance. Vous êtes encouragé à examiner les preuves, à méditer sur les liens établis et à tirer vos propres conclusions.

Importance des préfigurations dans l'Ancien et le Nouveau Testament

Les préfigurations sont des éléments symboliques ou des événements historiques de l'Ancien Testament qui anticipent des réalités plus profondes et spirituelles révélées dans le Nouveau Testament. Ces préfigurations démontrent l'unité et la continuité du plan de Dieu pour l'humanité. Elles servent de pont entre les deux testaments, illustrant comment les promesses et les prophéties anciennes se réalisent en la personne de Jésus-Christ.

Comprendre ces préfigurations enrichit notre lecture de la Bible et nous aide à voir la cohérence et la profondeur du message divin à travers les âges. Chaque préfiguration éclaire un aspect particulier de la mission de Jésus, révélant des dimensions cachées de sa nature et de son œuvre rédemptrice.

Public visé : chrétiens et non-chrétiens

Que vous soyez chrétien ou non, croyant ou simplement curieux, ce livret s'adresse à vous. Il est conçu pour être accessible à tous, indépendamment de votre niveau de connaissance biblique ou théologique. Mon approche se veut pédagogique et claire, facilitant la compréhension des concepts tout en respectant la diversité des perspectives.

Pour les chrétiens, ce livret peut renforcer votre foi et enrichir votre compréhension des Écritures. Pour les non-chrétiens, il offre une occasion de découvrir la profondeur et la beauté des textes bibliques et de comprendre pourquoi tant de personnes trouvent en Jésus-Christ la réalisation des promesses divines.

Chapitre 1 : Les fondements des préfigurations bibliques

1. Définition des préfigurations

Qu'est-ce qu'une préfiguration ?
Une préfiguration, dans notre contexte, est un événement, une personne ou un symbole dans l'Ancien Testament qui annonce ou anticipe une réalité future plus complète et parfaite, souvent révélée dans le Nouveau Testament. Elle peut être vue comme une anticipation divine, où des actions ou des personnages de l'histoire biblique servent de modèles ou de types pour des vérités et des événements ultérieurs. Les préfigurations révèlent la cohérence et l'unité du plan de Dieu à travers les âges, établissant des liens profonds entre les deux testaments.

Les préfigurations ne sont pas des coïncidences, mais des éléments intentionnels et prophétiques intégrés dans l'histoire de la rédemption. Elles montrent comment Dieu prépare progressivement l'humanité à recevoir la plénitude de la révélation en Jésus-Christ. Par exemple, le sacrifice d'Isaac par Abraham est une préfiguration du sacrifice de Jésus sur la croix. De même, la manne dans le désert préfigure l'Eucharistie, le pain de vie.

Exemples de préfigurations dans d'autres contextes religieux et culturels
Les préfigurations ne sont pas uniques au christianisme; elles existent dans diverses religions et cultures à travers le monde. Voici quelques exemples :

Hindouisme : Dans l'hindouisme, les avatars de Vishnu, tels que Krishna et Rama, préfigurent des manifestations divines ultérieures. Chaque avatar incarne des aspects de la divinité et prépare les fidèles à la compréhension des formes divines plus complètes et plus parfaites.

Bouddhisme : Les histoires des vies antérieures du Bouddha (Jataka Tales) peuvent être vues comme des préfigurations. Elles montrent comment, à travers de nombreuses vies, il a accumulé des vertus et des mérites, annonçant sa future réalisation en tant que Bouddha.

Mythologie grecque : Les mythes grecs contiennent aussi des éléments de préfiguration. Par exemple, les exploits d'Héraclès (Hercule) dans la mythologie grecque peuvent être vus comme des préfigurations de l'idée de l'homme divin ou demi-dieu accomplissant des travaux impossibles, un thème repris plus tard dans diverses traditions religieuses et culturelles.

Cultures indigènes : Dans certaines cultures indigènes, les récits de création et les figures héroïques jouent un rôle similaire. Par exemple, les histoires des ancêtres dans les cultures amérindiennes et africaines préfigurent souvent des événements ou des enseignements futurs, servant de modèles pour comprendre les principes moraux et spirituels.

2. Importance des préfigurations dans la théologie chrétienne

Leur rôle dans la validation de la mission de Jésus-Christ

Les préfigurations jouent un rôle crucial dans la théologie chrétienne en validant la mission de Jésus-Christ. Elles établissent des liens profonds entre l'Ancien et le Nouveau Testament, démontrant que les événements de la vie de Jésus ne sont pas des faits isolés, mais l'accomplissement d'un plan divin annoncé depuis des siècles. Par exemple, le sacrifice d'Isaac préfigure le sacrifice de Jésus, et la Pâque juive préfigure la passion, la mort et la résurrection du Christ.

Ces correspondances ne sont pas fortuites; elles montrent que Dieu avait prévu le salut de l'humanité dès le commencement. En reconnaissant ces préfigurations, les chrétiens voient en Jésus le Messie attendu, celui qui accomplit les promesses faites aux patriarches et aux prophètes. Ainsi, les préfigurations servent à valider la divinité et la mission salvatrice de Jésus, montrant qu'il est bien le Messie annoncé par les Écritures.

Comment les préfigurations renforcent la foi chrétienne

Les préfigurations renforcent la foi chrétienne en fournissant des preuves tangibles de la cohérence et de la continuité du plan divin. Elles montrent que la Bible, bien que composée de nombreux livres écrits sur des siècles par divers auteurs, possède une unité profonde et une direction divine. Cela renforce la confiance des croyants dans les Écritures comme étant inspirées par Dieu.

De plus, en montrant que les événements de l'Ancien Testament trouvent leur accomplissement dans le Nouveau Testament, les préfigurations enrichissent la compréhension des mystères chrétiens. Par exemple, voir le lien entre la manne donnée aux Israélites dans le désert et l'Eucharistie permet aux croyants de saisir plus profondément la signification du sacrement. Cela aide à vivre les rites et les pratiques chrétiennes avec une foi renouvelée et une compréhension accrue.

Enfin, les préfigurations offrent aux chrétiens une assurance que Dieu est fidèle à ses promesses. Elles témoignent de la souveraineté et de la providence divine, montrant que Dieu guide l'histoire vers un but ultime de rédemption et de restauration. Cette perspective eschatologique donne aux croyants une espérance vivante et un sens de participation à un plan divin grandiose et éternel.

Chapitre 2 : Préfigurations dans le livre de la Genèse

1. Adam et le Christ

Adam comme figure du Christ (Romains 5:14)

Dans le Nouveau Testament, l'apôtre Paul établit une connexion significative entre Adam et Jésus-Christ dans sa lettre aux Romains. Dans Romains 5:14, Paul écrit : « Adam est une figure de celui qui devait venir. » Cette affirmation souligne que, bien que Adam soit le premier homme et l'initiateur du péché, il préfigure un autre homme — Jésus-Christ — qui viendrait pour restaurer ce qui a été perdu.

Adam est souvent appelé « le premier Adam » pour faire le contraste avec Jésus, qui est parfois désigné comme le « dernier Adam » (1 Corinthiens 15:45). Tandis qu'Adam est le représentant de l'humanité qui a introduit le péché et la mort, Jésus, en tant que dernier Adam, est le représentant de la nouvelle création qui apporte la grâce et la vie éternelle. Adam est une figure du Christ non seulement par son rôle originel dans l'histoire humaine, mais aussi en tant que type du sauveur attendu.

Comparaison entre la chute d'Adam et la rédemption par Jésus

La chute d'Adam et la rédemption par Jésus-Christ sont deux événements centraux dans le récit biblique, qui illustrent la profondeur du plan de Dieu pour la rédemption de l'humanité.

La Chute d'Adam :

- ***Le Péché originel*** : Adam et Ève, en désobéissant à Dieu en mangeant du fruit défendu, introduisent le péché et la mort dans le monde (Genèse 3). Cette désobéissance entraîne une rupture de la relation entre l'humanité et Dieu, et plonge le monde dans un état de corruption et de souffrance.
- ***Conséquences*** : La chute d'Adam a des répercussions profondes sur toute l'humanité, créant un état de péché originel qui est transmis à toutes les générations suivantes (Romains 5:12).

La Rédemption par Jésus :

- ***L'Obéissance de Jésus*** : Jésus, en tant que « dernier Adam », vient pour corriger le tort causé par la chute d'Adam. Par son obéissance parfaite et son sacrifice sur la croix, il offre la réconciliation avec Dieu (Philippiens 2:8 ; Hébreux 5:8-9). Jésus est décrit comme celui qui renverse la condamnation introduite par Adam.

- ***Conséquences*** : La rédemption apportée par Jésus-Christ est offerte à toute l'humanité. Par sa résurrection, Jésus apporte la vie éternelle et la restauration de la relation entre Dieu et les hommes, transformant les conséquences du péché originel en une opportunité de grâce et de salut (Romains 5:18-19).

En comparant la chute d'Adam et la rédemption par Jésus, nous voyons comment Jésus est le contrepoint parfait à Adam. Alors qu'Adam a introduit le péché et la mort, Jésus apporte la grâce et la vie. Cette comparaison non seulement illustre la mission salvatrice de Jésus, mais elle montre également comment les événements de l'Ancien Testament préfigurent et préparent l'accomplissement de la rédemption dans le Nouveau Testament.

2. Melchisédek : le Roi-Prêtre

Melchisédek et Abraham
Melchisédek est un personnage énigmatique de l'Ancien Testament, apparaissant brièvement dans le récit de Genèse 14:18-20. Il est décrit comme le roi de Salem et prêtre du Dieu Très-Haut. Lorsqu'Abraham revient victorieux après avoir sauvé son neveu Lot, Melchisédek l'accueille avec du pain et du vin et le bénit, disant : « Béni soit Abram par le Dieu Très-Haut, Créateur du ciel et de la terre ! Béni soit le Dieu Très-Haut, qui a livré tes ennemis entre tes mains ! »

Cet épisode est significatif pour plusieurs raisons :

- ***Prêtre et Roi*** : Melchisédek est unique dans la Bible pour être à la fois roi et prêtre. Cette double fonction préfigure la mission de Jésus-Christ, qui est également roi et prêtre.
- ***Pain et Vin*** : L'offrande de pain et de vin par Melchisédek est un symbole puissant qui préfigure l'Eucharistie, où Jésus offre son corps et son sang sous les apparences du pain et du vin.
- ***Bénédiction d'Abraham*** : La bénédiction donnée à Abraham par Melchisédek établit une connexion spirituelle profonde. Abraham, le père de la foi, reconnaît la supériorité spirituelle de Melchisédek, ce qui pointe vers une prêtrise plus élevée que celle qui sera instituée plus tard par la loi mosaïque.

L'interaction entre Melchisédek et Abraham met en lumière une préfiguration de la nouvelle alliance, où Jésus, comme Melchisédek, établira une nouvelle prêtrise éternelle.

Prêtrise éternelle de Jésus

Dans le Nouveau Testament, l'auteur de la lettre aux Hébreux développe longuement la figure de Melchisédek pour expliquer la nature de la prêtrise de Jésus. Hébreux 7:3 décrit Melchisédek comme « sans père, sans mère, sans généalogie, n'ayant ni commencement de jours ni fin de vie, mais assimilé au Fils de Dieu, il demeure prêtre à perpétuité. »

- ***Supériorité sur la prêtrise lévitique*** : Jésus est décrit comme prêtre « selon l'ordre de Melchisédek » (Hébreux 5:6), soulignant que sa prêtrise est supérieure à celle des prêtres lévitiques. La prêtrise lévitique, instituée sous la loi de Moïse, est temporaire et limitée. En revanche, la prêtrise de Jésus, comme celle de Melchisédek, est éternelle et universelle.
- ***Sacrifice parfait et unique*** : Contrairement aux prêtres lévitiques qui devaient offrir des sacrifices continuellement, Jésus, en tant que prêtre selon l'ordre de Melchisédek, offre un sacrifice parfait et unique – sa propre vie – pour le salut de l'humanité (Hébreux 7:27).
- ***Nouvelle Alliance*** : La prêtrise éternelle de Jésus instaure une nouvelle alliance entre Dieu et l'humanité. Cette nouvelle alliance est fondée sur de meilleures promesses et assure une rédemption complète et définitive (Hébreux 8:6).

Ainsi, Melchisédek préfigure Jésus-Christ en tant que prêtre-roi éternel. La prêtrise de Jésus dépasse et accomplit celle de l'Ancien Testament, établissant une nouvelle ère de grâce et de réconciliation entre Dieu et l'humanité. Cette préfiguration souligne la continuité et l'accomplissement du plan divin à travers les âges, montrant comment les figures de l'Ancien Testament annoncent et trouvent leur pleine signification en Jésus-Christ.

3. Le sacrifice d'Isaac par Abraham

Genèse 22 et l'obéissance d'Abraham

Le récit du sacrifice d'Isaac en Genèse 22 est l'un des passages les plus poignants et significatifs de l'Ancien Testament. Dieu met Abraham à l'épreuve en lui demandant de sacrifier son fils bien-aimé, Isaac, sur le mont Moriah. Abraham obéit sans hésitation, démontrant une foi et une obéissance inébranlables. Ce récit est riche en symbolisme et en préfigurations de la future mission de Jésus-Christ.

- ***Fidélité et obéissance*** : Abraham, malgré l'énormité de la demande de Dieu, montre une confiance absolue en Dieu. Cette obéissance jusqu'au bout est un exemple de foi inébranlable, soulignant l'importance de la soumission totale à la volonté divine.

- ***L'Intervention divine*** : Au moment où Abraham est sur le point de sacrifier Isaac, un ange du Seigneur l'arrête et un bélier est fourni comme substitut. Cela montre non seulement la miséricorde de Dieu, mais aussi qu'Il pourvoit au sacrifice nécessaire, un thème central dans la théologie chrétienne.

Parallèle avec le sacrifice de Jésus sur la croix
Le sacrifice d'Isaac par Abraham préfigure de manière saisissante le sacrifice de Jésus sur la croix, révélant des parallèles profonds et prophétiques entre les deux récits.

- ***Fils Unique et Bien-Aimé*** : Isaac est le fils unique et bien-aimé d'Abraham, tout comme Jésus est le Fils unique et bien-aimé de Dieu (Jean 3:16). Cette relation souligne l'amour immense et le sacrifice personnel impliqué dans les deux actes.
- ***Mont Moriah et le Golgotha*** : Isaac est conduit au mont Moriah pour être sacrifié, un lieu qui, selon la tradition, est proche ou identique au mont Golgotha où Jésus a été crucifié. Cette correspondance géographique renforce l'idée de la préfiguration.
- ***Obéissance jusqu'à la mort*** : Abraham et Isaac montrent une obéissance totale à Dieu. De la même manière, Jésus montre une obéissance parfaite à la volonté du Père en acceptant la crucifixion (Philippiens 2:8).
- ***Substitution et rédemption*** : Le bélier fourni en remplacement d'Isaac préfigure Jésus, l'Agneau de Dieu, qui prend la place de l'humanité en tant que sacrifice parfait pour le péché. Cette substitution est centrale à la compréhension chrétienne de la rédemption.
- ***Résurrection symbolique*** : Abraham reçoit Isaac « comme revenu d'entre les morts » (Hébreux 11:19), préfigurant la résurrection de Jésus. Bien que Isaac n'ait pas littéralement ressuscité, la fin de l'épreuve d'Abraham préfigure la victoire sur la mort réalisée par Jésus.

Ces parallèles montrent comment le récit de Genèse 22 n'est pas simplement une histoire d'obéissance et de foi, mais une anticipation prophétique du sacrifice ultime de Jésus-Christ. En méditant sur ce passage, les croyants peuvent voir l'amour et la providence de Dieu à l'œuvre, préparant le chemin pour le salut à travers le sacrifice de son Fils unique.

4. Joseph comme type de Christ

La vie de Joseph : rejeté par ses frères, vendu, puis sauveur

L'histoire de Joseph, telle que racontée dans la Genèse, offre une des plus riches préfigurations de la vie et de la mission de Jésus-Christ. Joseph, le fils bien-aimé de Jacob, est rejeté par ses frères, vendu comme esclave, mais finit par devenir le sauveur de nombreuses vies pendant une période de famine. Cette trajectoire de vie montre de nombreux parallèles avec celle de Jésus.

- ***Rejeté par ses frères*** : Joseph est détesté par ses frères en raison de la préférence que lui accorde leur père et de ses rêves prophétiques (Genèse 37:4-11). De même, Jésus est rejeté par son propre peuple, les Juifs, malgré les signes et les miracles qu'il accomplit (Jean 1:11).
- Vendu pour de l'argent : Les frères de Joseph complotent contre lui et le vendent pour vingt pièces d'argent (Genèse 37:28). De manière similaire, Jésus est trahi par Judas pour trente pièces d'argent (Matthieu 26:14-16).
- ***Souffrance et exaltation*** : Joseph subit de grandes souffrances, y compris l'injustice et l'emprisonnement, avant d'être élevé à une position de pouvoir en Égypte (Genèse 41:39-41). De même, Jésus subit la souffrance et la crucifixion avant d'être exalté à la droite du Père (Philippiens 2:8-9).
- ***Sauveur de vies*** : Grâce à sa sagesse et à la révélation divine, Joseph prévoit une famine et met en place des mesures pour sauver d'innombrables vies (Genèse 41:56-57). Jésus, par son sacrifice et sa résurrection, apporte le salut et la vie éternelle à l'humanité (Jean 3:16).

Réconciliation et salut en Christ

Le récit de Joseph ne s'arrête pas à son exaltation. La réconciliation avec ses frères et la préservation de sa famille sont des thèmes centraux qui préfigurent l'œuvre réconciliatrice de Christ.

- ***Réconciliation avec ses frères*** : Lorsque ses frères viennent en Égypte pour acheter du grain, Joseph les reconnaît mais ne se révèle pas immédiatement. Après une série d'épreuves, il se fait enfin connaître et les pardonne (Genèse 45:1-15). Cette réconciliation est une image de la mission de Jésus, qui est venu réconcilier l'humanité avec Dieu. Par son sacrifice, Jésus pardonne nos péchés et nous offre la réconciliation (2 Corinthiens 5:18-19).
- ***Préservation et salut de la famille*** : Joseph invite toute sa famille à venir en Égypte où ils seront protégés et nourris pendant la famine (Genèse 45:9-11). De même, Jésus prépare une place pour ses disciples, promettant de les préserver et de leur donner la vie éternelle (Jean 14:2-3). Il est le bon berger qui veille sur son troupeau, assurant la protection et le salut de ceux qui croient en lui.

Le parcours de Joseph, de la trahison à la réconciliation, en passant par la souffrance et l'exaltation, est une puissante préfiguration de l'œuvre de Jésus-Christ. Joseph, par sa vie, montre comment Dieu peut transformer le mal en bien et apporter le salut à travers les épreuves. Jésus, en tant que Messie, accomplit cette préfiguration en apportant la réconciliation ultime entre Dieu et l'humanité, offrant ainsi le salut à tous ceux qui croient en lui.

Un autre récit de la vie de Joseph préfigure la mort (par la chaire) et la résurrection (par le sang) de Jésus, il s'agit de l'anecdote de l'échanson et du boulanger de Pharaon :

Joseph avec l'échanson et le boulanger de Pharaon

Joseph, emprisonné injustement en Égypte, rencontre deux des serviteurs de Pharaon, l'échanson (responsable des boissons) et le boulanger, qui ont été jetés en prison. Chacun de ces hommes a un rêve troublant la même nuit, et Joseph, doué pour l'interprétation des rêves par la grâce de Dieu, leur propose de les interpréter.

- ***Le rêve de l'échanson*** : Dans son rêve, l'échanson voit une vigne avec trois sarments. Les sarments bourgeonnent, fleurissent et produisent des grappes de raisin. Il presse les raisins dans la coupe de Pharaon et lui en donne à boire.
- ***Interprétation*** : Joseph interprète que dans trois jours, Pharaon rétablira l'échanson dans ses fonctions, et il servira de nouveau à la cour.

- ***Le rêve du boulanger*** : Le boulanger voit trois corbeilles de pain sur sa tête, avec des oiseaux qui mangent les produits dans la corbeille supérieure.
- ***Interprétation*** : Joseph annonce que dans trois jours, Pharaon pendra le boulanger, et les oiseaux mangeront sa chair.

Analyse de la préfiguration

L'histoire de l'échanson et du boulanger peut être vue comme une préfiguration par plusieurs éléments symboliques qui rappellent des aspects de la mission de Jésus-Christ :

- ***Résurrection et condamnation*** *:*

L'échanson est rétabli et retrouve la vie et ses fonctions, tandis que le boulanger est condamné à mort. Ce contraste rappelle la crucifixion où deux criminels sont crucifiés avec Jésus, l'un étant sauvé et l'autre condamné (Luc 23:39-43). L'échanson pourrait symboliser la résurrection et la vie éternelle, et le boulanger la condamnation et la mort.

- ***Pain et vin*** :

Les rôles de l'échanson et du boulanger impliquent du vin et du pain, qui sont des éléments centraux de l'Eucharistie, instituée par Jésus lors de la Dernière Cène. Le vin, pressé de la vigne, peut symboliser le sang de Christ, et le pain, le corps de Christ. Cette connexion renforce l'idée que cette histoire peut être vue comme une préfiguration subtile de la Nouvelle Alliance.

- ***Interprétation divine et médiation*** :

Joseph, en interprétant les rêves des serviteurs de Pharaon, agit comme un médiateur entre Dieu et les hommes, un rôle que Jésus accomplit parfaitement en tant que médiateur de la Nouvelle Alliance (1 Timothée 2:5). Cette capacité d'interpréter les messages divins préfigure le rôle de Jésus en tant que révélation parfaite de Dieu et de son plan de salut.

En conclusion, bien que l'histoire de Joseph avec l'échanson et le boulanger ne soit pas une préfiguration directe et explicite de Jésus-Christ comme d'autres récits, elle contient des éléments symboliques qui anticipent des aspects importants de la mission de Jésus. Le contraste entre la vie et la mort, le symbolisme du pain et du vin, et le rôle de médiateur de Joseph contribuent à cette interprétation, enrichissant la compréhension de la continuité du plan divin à travers les Écritures.

Chapitre 3 : Préfigurations dans l'Exode

1. Moïse comme préfiguration de Jésus

Moïse, libérateur d'Israël

Moïse est une figure centrale dans l'Exode, représentant le libérateur d'Israël de l'esclavage en Égypte. Son histoire est remplie de symbolisme et d'éléments qui préfigurent la mission et la personne de Jésus-Christ. En tant que prophète et guide pour le peuple d'Israël, Moïse joue un rôle crucial dans le plan de Dieu pour la délivrance de son peuple.

Libérateur et guide :

- ***Libération :*** Moïse est choisi par Dieu pour conduire les Israélites hors de l'esclavage égyptien, un acte de délivrance qui est un symbole puissant de la libération du péché par Jésus. Moïse, par la puissance divine, affronte Pharaon et accomplit des miracles pour persuader le roi égyptien de laisser partir le peuple (Exode 7-12).
- ***Guide dans le désert :*** Après la sortie d'Égypte, Moïse conduit les Israélites à travers le désert vers la Terre Promise, offrant des enseignements et des lois divines tout au long du voyage (Exode 13-40). Il est le médiateur entre Dieu et le peuple, délivrant les commandements et guidant la communauté dans la foi et l'obéissance.

Miracles et Signes :

- ***Miracles :*** Moïse accomplit divers miracles, comme la séparation de la mer Rouge et la fourniture de la manne et de l'eau, pour soutenir et protéger les Israélites durant leur voyage (Exode 14:21-31 ; Exode 16:4-36 ; Exode 17:1-7). Ces actes miraculeux sont des signes de la puissance de Dieu et du rôle de Moïse comme son agent.

Parallèles avec la mission de Jésus (Deutéronome 18:15)

Moïse, en tant que préfiguration de Jésus, est mentionné dans Deutéronome 18:15, où Moïse annonce la venue d'un prophète comme lui : « Le Seigneur, ton Dieu, te suscitera d'entre tes frères un prophète comme moi ; vous l'écouterez. » Cette prophétie est reconnue dans le Nouveau Testament comme se référant à Jésus-Christ, soulignant plusieurs parallèles entre Moïse et Jésus.

Libération spirituelle :

- ***Libérateur :*** Comme Moïse a libéré les Israélites de l'esclavage en Égypte, Jésus est le libérateur de l'humanité du péché et de la mort par sa crucifixion et sa résurrection (Jean 8:36 ; Galates 5:1). Jésus offre une libération spirituelle et une réconciliation avec Dieu, accomplissant ainsi une délivrance plus grande que celle de Moïse.

Prophète et Médiateur :

- ***Médiateur :*** Moïse est le médiateur entre Dieu et le peuple, transmettant les lois et les commandements divins. Jésus, de la même manière, est le médiateur de la Nouvelle Alliance, apportant une révélation complète de Dieu et établissant un nouveau pacte basé sur la grâce (Hébreux 8:6 ; 1 Timothée 2:5).

Miracles et enseignement :

- ***Miracles :*** Jésus accomplit des miracles qui, tout comme ceux de Moïse, sont des signes de son autorité divine et de sa mission salvatrice. Jésus calme les tempêtes, nourrit les foules, guérit les malades et ressuscite les morts (Matthieu 8:26-27 ; Jean 6:5-14 ; Luc 7:11-15).
- ***Enseignement :*** Jésus enseigne avec autorité et donne de nouvelles instructions, souvent en rappelant ou en accomplissant les lois et les enseignements donnés par Moïse (Matthieu 5:17-19). Sa doctrine est la réalisation et l'accomplissement des promesses de l'Ancien Testament.

Rôle de guide spirituel :

- ***Guide vers la vérité :*** Tout comme Moïse guide les Israélites vers la Terre Promise, Jésus guide les croyants vers le Royaume de Dieu et la vérité spirituelle. Il est le chemin, la vérité et la vie (Jean 14:6), offrant la direction divine et la promesse de la vie éternelle.

Moïse est une figure significative qui préfigure Jésus-Christ dans son rôle de libérateur, de médiateur et de guide. Les parallèles entre leurs vies et leurs missions montrent comment les récits de l'Ancien Testament préparent et annoncent l'accomplissement de la rédemption à travers Jésus. Ces préfigurations enrichissent la compréhension de la continuité et de l'accomplissement du plan divin pour l'humanité, offrant une vision profonde de la façon dont les Écritures se rejoignent dans le Christ.

2. La Pâque et l'agneau pascal

Exode 12 et la signification de la Pâque

Le chapitre 12 du livre de l'Exode décrit l'institution de la Pâque, un événement central dans l'histoire d'Israël. Ce rite commémore la délivrance des Israélites de l'esclavage en Égypte et marque le début de leur voyage vers la Terre Promise.

L'Ordre de la Pâque :

- ***Choix de l'Agneau :*** Les Israélites doivent choisir un agneau sans défaut, mâle et d'un an, qu'ils garderont pendant quatre jours avant de le sacrifier (Exode 12:5). Cet agneau symbolise la pureté et l'innocence, préfigurant l'Agneau de Dieu, Jésus-Christ.
- ***Sang sur les poutres*** **:** Le sang de l'agneau est appliqué sur les montants et les linteaux des portes des maisons. Ce signe protège les Israélites de la dixième plaie, la mort des premiers-nés, en passant au-dessus de leurs maisons (Exode 12:7, 13). Cette protection est un symbole de la rédemption que Jésus apporte par son sacrifice.
- ***Repas de la Pâque*** **:** L'agneau est rôti et mangé avec des pains sans levain et des herbes amères. Le repas doit être consommé en hâte, en prêtant attention à la sortie imminente d'Égypte (Exode 12:8-11). Ce repas préfigure le dernier souper de Jésus avec ses disciples, où il institue l'Eucharistie avec le pain et le vin comme symboles de son corps et de son sang.

Signification Théologique :

- ***Délivrance et libération*** **:** La Pâque marque la délivrance des Israélites de l'esclavage en Égypte, une libération qui symbolise la libération spirituelle que Jésus offre à travers sa mort et sa résurrection. La Pâque est un passage de l'esclavage à la liberté, tout comme le sacrifice de Jésus est un passage du péché à la vie éternelle.
- ***Mémoire et commémoration :*** La Pâque est célébrée chaque année pour se souvenir de la délivrance de l'Égypte. De manière similaire, la célébration de l'Eucharistie par les chrétiens est un rappel constant du sacrifice de Jésus et de la nouvelle alliance établie par son sang.

Jésus comme l'Agneau de Dieu (Jean 1:29)

Dans le Nouveau Testament, Jésus est identifié comme l'Agneau de Dieu, un titre profondément lié à l'image de l'agneau pascal de l'Exode. Jean le Baptiste annonce Jésus avec ces mots : « Voici l'Agneau de Dieu qui ôte le péché du monde » (Jean 1:29).

Symbolisme de l'Agneau :

- ***Sacrifice pur et innocent :*** Comme l'agneau pascal, Jésus est décrit comme pur et sans défaut, offrant sa vie en sacrifice pour le salut de l'humanité. Ce sacrifice est la réalisation parfaite de ce que l'agneau pascal symbolise, un substitut pour le péché et la protection divine (1 Pierre 1:19).
- ***Sang de rédemption :*** Le sang de l'agneau pascal protégeait les Israélites de la mort. De même, le sang de Jésus, versé sur la croix, assure la rédemption des péchés et la protection contre la condamnation éternelle (Hébreux 9:12-14).

Accomplissement de la Pâque :

- ***Réalisation de la prophétie :*** Jésus, en tant qu'Agneau de Dieu, accomplit les prophéties et les symboles de la Pâque. Sa mort sur la croix coïncide avec le temps de la Pâque juive, soulignant qu'il est le véritable Agneau pascal qui est sacrifié pour la délivrance du péché (Matthieu 26:2).
- ***Nouvelle alliance :*** Jésus institue la Nouvelle Alliance lors de la dernière Cène, transformant le rituel de la Pâque en un sacrement de l'Eucharistie. Le pain et le vin deviennent les symboles de son corps et de son sang, établissant une nouvelle relation entre Dieu et l'humanité fondée sur le sacrifice de l'Agneau (Luc 22:19-20 ; 1 Corinthiens 11:23-26).

Réconciliation et salut :

- ***Délivrance spirituelle :*** Tout comme l'agneau pascal a conduit à la libération physique des Israélites, Jésus, en tant qu'Agneau de Dieu, offre une délivrance spirituelle complète. Il libère les croyants du pouvoir du péché et leur donne accès à la vie éternelle et à une relation restaurée avec Dieu (Jean 10:10).

L'agneau pascal de l'Exode est une puissante préfiguration du sacrifice de Jésus-Christ. La Pâque, avec ses symboles de libération et de protection par le sang de l'agneau, annonce la rédemption ultime que Jésus réalise en tant qu'Agneau de Dieu. Cette connexion entre l'Ancien et le Nouveau Testament enrichit la compréhension chrétienne du sacrifice de Jésus, soulignant la continuité du plan divin à travers les âges et l'accomplissement des prophéties anciennes.

3. La manne et le pain de vie

La manne dans le désert (Exode 16)

Le chapitre 16 du livre de l'Exode décrit comment Dieu pourvoit aux besoins des Israélites dans le désert par le biais de la manne, un aliment miraculeux qui tombe du ciel chaque jour.

Le don de la manne :

- ***Provisions quotidiennes :*** Lorsque les Israélites se plaignent de la famine dans le désert, Dieu répond en envoyant de la manne, une substance blanche semblable à de la coriandre, qui recouvre le sol chaque matin. Les Israélites doivent la ramasser et la préparer pour leur nourriture quotidienne (Exode 16:14-15).
- ***Instructions divines :*** Dieu ordonne aux Israélites de recueillir seulement ce qu'ils peuvent manger chaque jour, à l'exception du vendredi où ils doivent en ramasser une double portion pour le sabbat. Cette instruction rappelle l'importance de la confiance en Dieu pour les provisions quotidiennes et la fidélité au jour de repos (Exode 16:16-30).

Signification théologique :

- ***Provision divine :*** La manne représente la provision quotidienne et l'abondance que Dieu offre à son peuple. Elle symbolise la dépendance des Israélites à l'égard de Dieu pour leurs besoins matériels et spirituels, et l'importance de se fier à lui pour tout ce dont ils ont besoin.
- ***Miracle et fidélité :*** La régularité du don de la manne et les règles associées soulignent la fidélité de Dieu et l'importance de suivre ses instructions. Ce miracle manifeste la présence et la providence de Dieu dans la vie des Israélites.

Jésus comme le pain de vie (Jean 6:31-35)

Dans le Nouveau Testament, Jésus fait le lien entre la manne dans le désert et lui-même, en se décrivant comme le pain de vie. Ce discours se trouve dans Jean 6, où Jésus explique que, tout comme la manne a nourri les Israélites, lui est le véritable pain venant du ciel qui donne la vie éternelle.

Déclaration de Jésus :

- ***Pain du ciel :*** Jésus se présente comme le "pain de vie" et explique que le pain qu'il offre est bien plus que la manne que les ancêtres ont mangée. « Je suis le pain de vie. Celui qui vient à moi n'aura jamais faim ; et celui qui croit en moi n'aura jamais soif » (Jean 6:35). Il souligne que son don est supérieur et éternel, en contraste avec la manne, qui était un bien temporaire.
- ***Pain pour la vie éternelle :*** Jésus explique que le pain qu'il donne est sa propre chair, offerte en sacrifice pour le salut de l'humanité. Il annonce que, en croyant en lui et en acceptant son sacrifice, les croyants reçoivent la vie éternelle (Jean 6:51).

Parallèles et Signification :

- ***Substance divine :*** Comme la manne était la nourriture quotidienne miraculeuse pour les Israélites, Jésus, en tant que pain de vie, est la nourriture spirituelle nécessaire pour la vie éternelle. La manne nourrissait le corps, tandis que Jésus nourrit l'âme et l' esprit.
- ***Dépendance spirituelle :*** La manne a enseigné aux Israélites à dépendre de Dieu pour leur nourriture quotidienne. De même, Jésus enseigne que les croyants doivent dépendre de lui pour leur vie spirituelle et leur salut éternel. Il est la source de toute vie spirituelle et la satisfaction ultime des besoins humains.
- ***Accès à la vie éternelle :*** Tandis que la manne a été un don provisoire pour le voyage des Israélites vers la Terre Promise, Jésus offre un don éternel, la vie éternelle, à tous ceux qui croient en lui. Il remplace la manne en tant que provision divine et perpétuelle pour le salut.

Institutions de l'Eucharistie :

- ***Rappel du sacrifice :*** Le discours de Jésus sur le pain de vie anticipe l'institution de l'Eucharistie, où il établit le pain et le vin comme symboles de son corps et de son sang. L'Eucharistie est un acte de commémoration et de participation à son sacrifice, affirmant la continuité entre la manne et le pain de vie (Matthieu 26:26-28 ; 1 Corinthiens 11:23-26).

La manne dans le désert et le pain de vie offert par Jésus sont des préfigurations profondes l'une de l'autre. La manne représente la provision quotidienne de Dieu, tandis que Jésus, en tant que pain de vie, incarne la provision divine éternelle pour l'humanité. Ce parallèle illustre comment les Écritures de l'Ancien Testament préparent et annoncent la plénitude du salut en Jésus-Christ, qui offre la vie éternelle à ceux qui viennent à lui avec foi.

Chapitre 4 : Préfigurations dans les livres historiques et poétiques

1. Ruth et le rachat

Ruth comme image de l'Église

Le livre de Ruth, situé dans les livres historiques de l'Ancien Testament, raconte l'histoire de Ruth, une Moabite qui se convertit au Dieu d'Israël et devient une ancêtre du roi David. Cette histoire est riche en symbolisme et préfigure de manière poignante la relation entre Christ et l'Église.

L'Accueillante Intégration dans la Communauté d'Israël :

- ***Conversion et allégeance :*** Ruth, une veuve moabite, fait le choix de rester avec sa belle-mère Naomi et de suivre le Dieu d'Israël. Sa déclaration : « Ton peuple est mon peuple, et ton Dieu est mon Dieu » (Ruth 1:16), marque son intégration et son engagement envers le peuple et la foi israélites. Ce geste est un parallèle à l'entrée des non-Juifs dans la foi chrétienne à travers l'Église, acceptant le Christ comme leur Seigneur et Sauveur.
- ***Rachat et réhabilitation :*** Ruth, en tant qu'étrangère, est accueillie dans la communauté d'Israël et finalement mariée à Boaz. Cette inclusion est un symbole de la façon dont l'Église, composée de personnes de toutes origines et nationalités, est accueillie et réhabilitée dans la famille de Dieu à travers le sacrifice de Jésus-Christ (Galates 3:28 ; Éphésiens 2:19).

Préfiguration du rachat spirituel :

- ***Foi et obéissance :*** Ruth démontre une foi et une obéissance remarquables, se soumettant à la loi du lévirat et acceptant le rôle de rédemption que Boaz lui offre. De la même manière, l'Église est appelée à vivre dans la foi et l'obéissance à Christ, en acceptant et en mettant en pratique les promesses de rédemption offertes par lui (1 Pierre 1:18-19).
- ***Gratuité et récompense*** : Ruth reçoit la bénédiction et la récompense de son dévouement sous la forme d'une restauration de son statut et d'une place dans la lignée messianique. L'Église, en réponse à la grâce de Dieu, reçoit la bénédiction de la réconciliation avec Dieu et la promesse de la vie éternelle.

Boaz, le rédempteur, comme préfiguration de Christ

Boaz joue un rôle central dans le livre de Ruth en tant que rédempteur, remplissant les obligations de la loi du lévirat pour assurer la continuité de la lignée de Naomi et Ruth. Il est une préfiguration du Christ, le Rédempteur de l'humanité.

Rôle de rédempteur :

- ***Conformité à la loi du Lévirat :*** Boaz accepte de devenir le "goel" (rédempteur), en épousant Ruth pour préserver le nom de son parent défunt. Il agit avec générosité et respect pour la loi, tout en honorant Ruth et Naomi. Ce rôle est un parallèle avec la mission de Jésus-Christ, qui, selon la Nouvelle Alliance, agit en tant que Rédempteur pour sauver l'humanité du péché et de la mort (Hébreux 9:12 ; 1 Jean 2:2).
- ***Acceptation des conditions :*** Boaz accepte la responsabilité de rachat malgré les défis et les complications, illustrant sa volonté de sacrifier ses propres intérêts pour le bien des autres. De la même manière, Jésus accepte le sacrifice de sa vie pour racheter l'humanité, répondant à la loi divine et aux besoins de ceux qu'il vient sauver (Matthieu 20:28 ; Jean 10:15).

Actes de grâce et de générosité :

- ***Bonté et protection :*** Boaz montre une bonté exceptionnelle envers Ruth, lui fournissant du grain et la protégeant dans les champs. Ses actions manifestent une générosité qui anticipe le sacrifice ultime de Jésus pour ses croyants, offrant une protection spirituelle et une abondance de grâce à ceux qui croient en lui (Luc 6:38 ; Jean 10:10).
- ***Rachat et récompense :*** Le mariage de Boaz avec Ruth est non seulement un acte de rachat, mais aussi une source de bénédictions futures pour la lignée de David. Cette union préfigure l'union entre Christ et l'Église, où Jésus, le Rédempteur, établit une nouvelle alliance et assure une bénédiction éternelle pour tous ceux qui sont en lui (Éphésiens 5:25-27 ; Apocalypse 19:7-9).

L'histoire de Ruth et Boaz est riche en préfigurations du Christ et de son Église. Ruth, en tant que convertie fidèle, représente l'Église accueillie dans la famille de Dieu, tandis que Boaz, en tant que rédempteur généreux, est une figure de Jésus-Christ, notre Rédempteur. Ces images offrent une compréhension profonde de la manière dont les Écritures de l'Ancien Testament préparent et annoncent la réalisation de la mission de rédemption par Jésus-Christ dans le Nouveau Testament.

2. David et le règne messianique

David, le roi selon le cœur de Dieu

Le roi David, l'un des personnages les plus emblématiques de l'Ancien Testament, est souvent considéré comme une préfiguration de Jésus-Christ en raison de son rôle central dans l'histoire d'Israël et de la façon dont ses caractéristiques et son règne anticipent le règne messianique de Jésus.

Roi selon le cœur de Dieu :

- ***Choix divin :*** David est choisi par Dieu pour être roi, non en raison de son apparence ou de sa stature, mais à cause de son cœur. Le Seigneur dit à Samuel : « L'homme regarde à ce qui frappe les yeux, mais l'Éternel regarde au cœur » (1 Samuel 16:7). Cette sélection met en lumière la qualité de son cœur, sa foi et son obéissance à Dieu, des traits qui font de lui un précurseur du Christ, qui est décrit comme ayant un cœur parfait pour la volonté de Dieu (Actes 13:22).
- ***Leadership spirituel et moral :*** David est non seulement un leader militaire habile mais aussi un dirigeant spirituel. Il est connu pour ses psaumes, ses prières, et son désir sincère de suivre et d'honorer Dieu. Son leadership est marqué par une profonde dévotion et une quête de justice, ce qui le positionne comme une figure messianique en contraste avec les autres rois d'Israël qui souvent échouaient dans leur fidélité à Dieu (2 Samuel 5:12 ; Psaume 101).

Préfiguration de Jésus-Christ :

- ***Roi et berger :*** David, le berger devenu roi, est un type du Christ, qui est appelé le Bon Berger. Comme David a pris soin de son peuple avec une grande sollicitude, Jésus prend soin de ses disciples et de l'Église avec une compassion et une protection infinies (Jean 10:11-14).
- ***Alliance éternelle :*** Dieu fait une alliance avec David, promettant que sa lignée régnera éternellement. Cette promesse trouve son accomplissement en Jésus-Christ, descendant de David, dont le règne est sans fin (2 Samuel 7:16 ; Luc 1:32-33).

Prophéties messianiques concernant la lignée de David (Psaume 110)

Le Psaume 110 est l'un des textes prophétiques les plus importants concernant la lignée de David et est souvent cité dans le Nouveau Testament pour illustrer la royauté et la fonction messianique de Jésus.

Le Psaume 110 :

- ***"Le Seigneur a dit à mon Seigneur" :*** Le Psaume 110 commence par une déclaration divine : « L'Éternel a dit à mon Seigneur : Assieds-toi à ma droite, jusqu'à ce que je fasse de tes ennemis ton marchepied » (Psaume 110:1). Cette phrase est interprétée comme une conversation entre Dieu le Père et le Messie, qui est assis à la droite de Dieu, une position de pouvoir et d'autorité. Jésus lui-même se réfère à ce psaume pour démontrer qu'il est le Messie, le Fils de David, mais aussi Seigneur et Roi (Matthieu 22:44 ; Actes 2:34-35).

- ***Prêtre pour l'éternité :*** Le psaume poursuit avec la déclaration que le Messie est « prêtre pour toujours, selon l'ordre de Melchisédek » (Psaume 110:4). Cette mention d'un sacerdoce éternel et d'un ordre ancien préfigure la prêtrise de Jésus-Christ, qui est à la fois roi et prêtre, établissant une nouvelle alliance et un nouveau type de service sacerdotal.

Réalisations dans le Nouveau Testament :

- ***Ascension et autorité :*** La référence au siège à la droite de Dieu est accomplie dans la résurrection et l'ascension de Jésus, où il est exalté et règne avec toute autorité sur les cieux et la terre (Hébreux 1:3 ; Éphésiens 1:20-22).
- ***Prêtrise éternelle :*** Jésus est présenté comme le Grand Prêtre éternel, offrant un sacrifice parfait et éternel pour les péchés. Cette prêtrise est en contraste avec le sacerdoce lévitique et établit une nouvelle relation entre Dieu et les croyants (Hébreux 7:17-22 ; 1 Pierre 2:9).

David et le Christ : Un règne Éternel

Promesse de la Royauté Éternelle :

- ***Régime et succession :*** La promesse de Dieu à David que sa lignée régnera éternellement est directement liée à la venue de Jésus-Christ, dont le règne est non seulement sur Israël, mais sur toutes les nations, et qui établit un royaume éternel sans fin (Ésaïe 9:6-7 ; Luc 1:32-33).
- ***Accomplissement de la prophétie :*** Les prophéties messianiques concernant la lignée de David trouvent leur accomplissement en Jésus-Christ, qui est à la fois le Fils de David et le Fils de Dieu, apportant une ère de paix, de justice, et de réconciliation avec Dieu (Matthieu 1:1 ; Apocalypse 5:5).

David, en tant que roi selon le cœur de Dieu, et les prophéties messianiques associées à sa lignée, sont des préfigurations significatives du Christ. David représente les qualités de leadership et de foi que Jésus incarne parfaitement, tandis que les prophéties du Psaume 110 annoncent le règne messianique de Jésus, son sacerdoce éternel, et son autorité divine. Ces éléments renforcent la compréhension de la mission et du rôle de Jésus-Christ comme l'accomplissement des promesses faites à David et à son peuple.

Chapitre 5 : Préfigurations dans les prophètes

1. Le serviteur souffrant d'Ésaïe

Ésaïe 53 et la description du Messie souffrant

Le chapitre 53 du livre d'Ésaïe est l'un des passages les plus puissants et évocateurs des Écritures hébraïques, souvent appelé le « Cantique du Serviteur Souffrant ». Ce texte est crucial pour comprendre comment les prophètes de l'Ancien Testament ont préfiguré le rôle rédempteur et souffrant du Messie, que les chrétiens identifient comme Jésus-Christ.

Portrait du serviteur souffrant :

- ***Description et mission :*** Ésaïe 53 présente un personnage mystérieux et souffrant, souvent appelé « le Serviteur de l'Éternel ». Ce serviteur est décrit comme « méprisé et abandonné des hommes, homme de douleurs, familier de la souffrance » (Ésaïe 53:3). Sa mission est de porter les iniquités des autres et de subir des souffrances en expiation des péchés. Ce portrait met en lumière une figure qui souffre pour le bien des autres, offrant une rédemption par ses propres douleurs et souffrances.
- ***Expiation et guérison :*** Le passage continue en expliquant que le serviteur est « percé à cause de nos révoltes, broyé à cause de nos iniquités » (Ésaïe 53:5). Ses blessures apportent la guérison et la paix aux autres, soulignant le caractère sacrificiel et expiatoire de son rôle. Il porte le fardeau des péchés de beaucoup, tout en offrant une guérison et une réconciliation avec Dieu.

Interprétation Messianique :

- ***Messie souffrant :*** Ce passage est interprété comme une prophétie du Messie souffrant qui prendra sur lui les péchés du monde. Les chrétiens voient en Jésus-Christ l'accomplissement de cette prophétie, reconnaissant dans sa vie et sa mort la réalisation des souffrances décrites dans Ésaïe 53. Cette identification est renforcée par les Évangiles qui relient les souffrances du serviteur aux événements de la Passion de Jésus (Matthieu 8:17 ; Jean 19:1-30).
- ***Rédemption et salut*** **:** L'idée que le serviteur souffrant est le moyen par lequel les péchés sont expiés et le salut est apporté aux croyants se réalise pleinement dans la crucifixion de Jésus-Christ, qui est perçu comme le sacrifice ultime pour la rédemption des péchés de l'humanité.

La passion et la crucifixion de Jésus

L'accomplissement de la prophétie d'Ésaïe 53 se manifeste clairement dans les événements de la Passion et de la crucifixion de Jésus-Christ. La corrélation entre le Serviteur souffrant d'Ésaïe et la souffrance de Jésus est un pilier fondamental pour comprendre le rôle rédempteur de Christ dans le Nouveau Testament.

Souffrances et mépris :

- ***Maltraitance et abandon :*** Jésus, tout au long de sa Passion, subit des moqueries, des abus physiques, et l'abandon de ses disciples, correspondant à l'expérience du serviteur souffrant qui est « méprisé et abandonné des hommes » (Ésaïe 53:3). Sa crucifixion, marquée par la douleur et la honte, reflète la description des souffrances endurées pour le bien des autres.
- ***Innocence et sacrifice :*** Comme le Serviteur d'Ésaïe, Jésus est innocent mais accepte la souffrance pour accomplir la volonté de Dieu et offrir un sacrifice pour le péché. Les Évangiles décrivent Jésus comme étant innocent mais condamné à tort, et son sacrifice est présenté comme étant pour la rédemption des péchés (Matthieu 27:24 ; Marc 15:34-37).

Expiation et Réconciliation :

- ***Sacrifice et guérison :*** Jésus est crucifié, et par sa mort, il porte les péchés du monde, apportant ainsi la réconciliation avec Dieu. Son sacrifice est décrit comme ayant une portée expiatoire, apportant la guérison et la paix, exactement comme le prophétise Ésaïe 53. Jésus, en se sacrifiant, accomplit le rôle de celui qui « porte nos iniquités » et offre la guérison spirituelle (1 Pierre 2:24 ; Hébreux 9:28).
- ***Nouvelle alliance :*** La crucifixion de Jésus inaugure une nouvelle alliance, offrant une rédemption complète et permanente, en contraste avec les sacrifices temporaires de l'Ancien Testament. Cette nouvelle alliance est fondée sur le sacrifice parfait et suffisant de Jésus, comme préfiguré par le Serviteur souffrant d'Ésaïe (Luc 22:20 ; Hébreux 10:10-14).

Le Serviteur souffrant d'Ésaïe 53 constitue une préfiguration fondamentale du Messie que les chrétiens reconnaissent en Jésus-Christ. Ce chapitre offre une description poignante de la souffrance et du sacrifice du Messie, soulignant son rôle rédempteur et expiatoire. Les événements de la Passion et de la crucifixion de Jésus-Christ sont vus comme l'accomplissement de cette prophétie, mettant en lumière la réalisation des promesses de rédemption et de salut pour l'humanité. La correspondance entre le portrait du Serviteur souffrant et la vie de Jésus renforce la compréhension de son rôle comme Messie et Sauveur.

2. Jérémie et la nouvelle alliance

Jérémie 31:31-34 et la promesse d'une nouvelle alliance

Le livre de Jérémie, à travers le chapitre 31, contient une prophétie cruciale qui annonce une nouvelle alliance entre Dieu et son peuple. Cette promesse représente une transition significative par rapport à l'ancienne alliance établie avec Israël et trouve son accomplissement dans la mission de Jésus-Christ.

Prophétie de la Nouvelle Alliance :

- ***Promesse de renouvellement :*** Jérémie 31:31-34 décrit la promesse d'une nouvelle alliance que Dieu établira avec la maison d'Israël et la maison de Juda. Contrairement à l'ancienne alliance, qui avait été rompue en raison de l'infidélité du peuple, cette nouvelle alliance sera caractérisée par une relation renouvelée et intime avec Dieu : « Je mettrai ma loi au-dedans d'eux, je l'écrirai sur leurs cœurs » (Jérémie 31:33). Cette promesse indique un changement fondamental où la loi de Dieu ne sera plus simplement extérieure mais profondément intérieure.
- ***Connaissance et pardon :*** La nouvelle alliance apportera un degré de connaissance et de pardon que l'ancienne alliance ne pouvait garantir. Dieu promet que tous, du plus petit au plus grand, connaîtront Dieu personnellement et que leurs iniquités seront pardonnées : « Je pardonnerai leur iniquité, et je ne me souviendrai plus de leur péché » (Jérémie 31:34). Ce passage souligne la dimension personnelle et pleine de grâce de cette nouvelle relation.

Signification et implications :

- ***Transition spirituelle :*** Cette prophétie annonce une transition d'une relation basée sur la loi écrite sur des tables de pierre à une relation basée sur une loi écrite dans les cœurs des croyants. Cela représente un passage d'une observance extérieure à une transformation intérieure radicale, marquant un approfondissement de la relation entre Dieu et son peuple.
- ***Espoir et réconciliation :*** La promesse d'une nouvelle alliance est également un espoir de réconciliation et de renouvellement, offrant une solution aux manquements et échecs de l'ancienne alliance. C'est une promesse de restauration et de restauration spirituelle pour un peuple qui avait souvent failli dans sa fidélité à Dieu.

Son accomplissement en Jésus (Luc 22:20)

L'accomplissement de la promesse de la nouvelle alliance est clairement réalisé dans la personne et l'œuvre de Jésus-Christ. Le Nouveau Testament, en particulier à travers les paroles de Jésus lors de la Dernière Cène, révèle comment cette ancienne prophétie trouve sa pleine réalisation.

La Dernière Cène et la Nouvelle Alliance :

- ***Institution du Nouveau Testament :*** Lors de la Dernière Cène, Jésus prend une coupe de vin et dit : « Cette coupe est la nouvelle alliance en mon sang, qui est versé pour vous » (Luc 22:20). Par ces paroles, Jésus inaugure officiellement la nouvelle alliance prophétisée par Jérémie. Son sacrifice imminent sur la croix est présenté comme le fondement de cette nouvelle relation entre Dieu et l'humanité.
- ***Accomplissement de la Prophétie :*** En se sacrifiant, Jésus établit une nouvelle voie pour que la loi de Dieu soit inscrite non seulement dans les cœurs mais à travers le pardon des péchés et la réconciliation. Cette alliance est marquée par une nouvelle compréhension de la grâce divine, par le don du Saint-Esprit, qui permet une transformation intérieure et une relation renouvelée avec Dieu (Hébreux 9:15).

Dimensions de la Nouvelle Alliance :

- ***Pardon des péchés :*** Jésus, en offrant son sang, accomplit la promesse de Jérémie en apportant un pardon complet et durable pour les péchés. Ce sacrifice est le moyen par lequel les croyants peuvent être totalement réconciliés avec Dieu, et ce, de manière permanente (Hébreux 10:16-17).
- ***Transformation intérieure :*** L'œuvre de Jésus permet la réalisation de la loi écrite dans les cœurs, comme annoncé par Jérémie. Par le Saint-Esprit, les croyants reçoivent la capacité de vivre selon la volonté de Dieu, en ayant une relation personnelle et intime avec lui, marquant ainsi la réalisation du désir de Dieu d'une alliance intérieure et spirituelle (Jean 14:17 ; 2 Corinthiens 3:3).

La promesse de la nouvelle alliance dans Jérémie 31:31-34 est un pilier fondamental de la prophétie messianique qui se réalise pleinement en Jésus-Christ. La transition d'une alliance basée sur la loi extérieure à une relation intérieure et spirituelle est accomplie à travers le sacrifice de Jésus, qui inaugure cette nouvelle alliance avec son propre sang. La nouvelle alliance offre une réconciliation complète et un pardon des péchés, tout en permettant une transformation intérieure des croyants. Cette réalisation illustre la profondeur et la portée du plan de rédemption divin, affirmant que Jésus-Christ est le point culminant de toutes les attentes prophétiques.

3. Ézéchiel et le Bon Pasteur

Ézéchiel 34 et la figure du bon pasteur
Le chapitre 34 du livre d'Ézéchiel est une proclamation prophétique significative qui décrit la vision de Dieu pour un leader idéal, souvent interprété comme une préfiguration du Messie. Cette prophétie offre une image puissante du bon pasteur qui guidera et prendra soin de son peuple, un thème qui se retrouve dans la mission et le ministère de Jésus-Christ.

Description du Bon Pasteur :

- ***Critique des faux pasteurs :*** Ézéchiel 34 commence par une critique sévère des anciens d'Israël qui ont échoué dans leur rôle de pasteurs. Ces leaders ont négligé le soin du troupeau, profitant de leur position pour leur propre bénéfice, ce qui a conduit à la dispersion et à la détresse des brebis (Ézéchiel 34:1-6). Cette critique met en évidence l'échec du leadership humain et prépare le terrain pour la promesse d'un véritable bon pasteur.
- ***Promesse d'un pasteur juste :*** Dieu promet qu'il lui-même, en tant que pasteur, prendra soin de ses brebis : « Voici, moi-même, je vais chercher mes brebis, et je vais en prendre soin » (Ézéchiel 34:11). Dieu déclare qu'il rassemblera les brebis dispersées, les nourrira, et les gardera dans la justice. Ce passage présente la vision d'un pasteur parfait et bienveillant, différent des leaders défaillants du passé.

Signification de la vision :

- ***Restauration et protection :*** La vision du bon pasteur dans Ézéchiel 34 met l'accent sur la restauration du peuple, la protection des brebis, et le soin attentif du troupeau. C'est une image de réconciliation et de guérison, où Dieu lui-même se fait le berger qui guide, nourrit et protège son peuple de manière attentive et aimante.
- ***Espoir pour un leadership juste :*** Cette prophétie crée une attente pour un leader idéal qui ne serait pas seulement un simple homme, mais une figure envoyée par Dieu pour réaliser les idéaux divins de justice, de compassion, et de soin pastoral.

Jésus comme le Bon Berger (Jean 10:11)
Dans le Nouveau Testament, Jésus-Christ s'identifie clairement comme le Bon Berger, une déclaration qui établit un lien direct avec la prophétie d'Ézéchiel et l'accomplit d'une manière qui dépasse les attentes humaines.

Identification de JÃ©sus comme le Bon Berger :

- ***Déclaration de Jésus :*** Jésus fait cette déclaration audacieuse : « Je suis le bon berger. Le bon berger donne sa vie pour ses brebis » (Jean 10:11). Par cette affirmation, Jésus se positionne comme le parfait accomplissement de la vision prophétique d'Ézéchiel, prenant sur lui le rôle de celui qui prend soin de son peuple de manière ultime et sacrificielle.
- ***Sacrifice et protection :*** Jésus se distingue par son sacrifice ultime en donnant sa vie pour ses brebis. Cette déclaration est une promesse d'un soin personnel et d'une protection qui vont au-delà des simples mots. Jésus offre non seulement un leadership juste mais aussi un sacrifice rédempteur, assurant ainsi la sécurité éternelle de ses disciples (Jean 10:15).

Parallèles et accomplissements :

- ***Guérison et restauration :*** Comme le bon pasteur d'Ézéchiel 34, Jésus guérit et restaure ceux qui sont perdus et brisés. Il s'engage à chercher les brebis égarées, à les ramener et à les nourrir spirituellement. Les miracles de guérison, les enseignements et les actes de miséricorde de Jésus incarnent cette mission de soin pastoral et de restauration (Matthieu 9:36 ; Luc 19:10).
- ***Communion intime avec les brebis :*** Jésus ne se contente pas de guider de loin ; il entretient une relation intime avec ses brebis, les connaissant par leur nom et leur offrant une relation personnelle avec lui. Cette relation est marquée par la confiance et la sécurité, remplissant la promesse d'un leadership bienveillant et attentif (Jean 10:14-15).

La prophétie d'Ézéchiel 34, avec sa vision du bon pasteur, est réalisée de manière éclatante en Jésus-Christ. En se déclarant le bon berger, Jésus prend sur lui la responsabilité ultime de guider, protéger, et nourrir son peuple. Sa vie, son sacrifice, et son ministère incarnent parfaitement la promesse d'un leadership divin qui restaure et protège. Cette réalisation confirme Jésus comme l'accomplissement de la vision prophétique d'Ézéchiel, et établit un modèle de soin pastoral qui définit le véritable leadership spirituel.

Chapitre 6 : Préfigurations dans le Nouveau Testament

1. Jean-Baptiste et Élie

Jean-Baptiste comme précurseur de Jésus
Jean-Baptiste joue un rôle crucial dans le Nouveau Testament en tant que précurseur de Jésus-Christ. Sa mission et son ministère sont profondément enracinés dans les prophéties de l'Ancien Testament, faisant de lui une figure qui annonce la venue du Messie.

Mission de Jean-Baptiste :

- ***Préparation de la voie :*** Jean-Baptiste est présenté dans les Évangiles comme celui qui prépare la voie pour Jésus. Son rôle est de préparer le peuple pour la venue du Seigneur en prêchant la repentance et en baptisant dans le Jourdain. Matthieu 3:3 cite Ésaïe 40:3, en affirmant que Jean est « la voix de celui qui crie dans le désert : Préparez le chemin du Seigneur, rendez droits ses sentiers ». Cette mission de préparation est essentielle pour la réception du message et de la mission de Jésus.
- ***Annonce du Messie :*** Jean-Baptiste reconnaît et annonce Jésus comme le Messie. Lorsqu'il voit Jésus venir vers lui pour être baptisé, il déclare : « Voici l'Agneau de Dieu, qui ôte le péché du monde » (Jean 1:29). Jean confirme ainsi la divine mission de Jésus et joue le rôle clé d'introduire Jésus au peuple comme le Sauveur promis.

Rôle eschatologique :

- ***Réveil spirituel :*** La mission de Jean-Baptiste est marquée par un appel au réveil spirituel et à la préparation pour le Royaume de Dieu. Son baptême est un signe extérieur de repentance, et son message est centré sur la nécessité d'un changement de cœur avant l'arrivée du Messie.
- ***Lien avec les prophéties :*** Jean-Baptiste n'est pas seulement un prophète, mais aussi celui qui réalise des prophéties de l'Ancien Testament concernant le précurseur du Messie. Son ministère établit le lien entre l'Ancien Testament et le Nouveau Testament, servant de pont entre les deux périodes.

Parallèles avec Élie (Matthieu 11:14)
Jean-Baptiste est souvent comparé à Élie, le grand prophète de l'Ancien Testament, en raison de la nature et de la mission de son ministère. Les parallèles entre Jean-Baptiste et Élie illuminent la continuité entre les prophéties anciennes et leur accomplissement dans le Nouveau Testament.

Élie comme Précurseur :

- ***Prophète de réveil :*** Élie est connu pour son rôle de prophète qui a confronté l'idolâtrie en Israël et a appelé à un retour à la fidélité envers Dieu. Son ministère est marqué par des signes puissants et un appel urgent à la repentance (1 Rois 18:21). Tout comme Élie, Jean-Baptiste appelle les gens à se détourner de leurs péchés et à se préparer pour un changement radical avec l'arrivée du Messie.
- ***Ascension et retour :*** Élie est monté au ciel dans un tourbillon, et il est prophétisé qu'il reviendra avant le jour du Seigneur (Malachie 4:5). Cette prophétie crée une attente d'un retour d'Élie avant l'arrivée du Messie, que Jean-Baptiste incarne d'une manière unique.

Références à Jean-Baptiste comme Élie :

- ***Identification par Jésus :*** Jésus lui-même fait le lien entre Jean-Baptiste et Élie. Dans Matthieu 11:14, Jésus déclare que « si vous voulez le comprendre, il est cet Élie qui doit venir ». Cette affirmation souligne que Jean-Baptiste accomplit le rôle prophétique d'Élie, non pas par une réincarnation mais par la nature de sa mission et son impact spirituel.
- ***Caractéristiques communes :*** Comme Élie, Jean-Baptiste a un ministère de prédication puissant et est un personnage ascétique, vivant dans le désert et prêchant avec une autorité divine. Ces caractéristiques soulignent leur similitude en tant que messagers de Dieu, appelant à une transformation spirituelle et à une préparation pour la venue du Royaume de Dieu.

Jean-Baptiste, en tant que précurseur de Jésus-Christ, joue un rôle crucial dans l'accomplissement des prophéties de l'Ancien Testament. Ses actions et son message préparent le terrain pour la mission de Jésus, faisant le lien entre les anciennes attentes messianiques et leur réalisation dans le Nouveau Testament. Les parallèles avec Élie soulignent la continuité entre les prophètes de l'Ancien Testament et la mission de Jean-Baptiste, affirmant ainsi la réalisation des prophéties et la véracité de la mission de Jésus. Jean-Baptiste est ainsi une figure centrale qui confirme que Jésus est bien le Messie annoncé et que les promesses divines se réalisent pleinement.

2. Les paraboles de Jésus

Les paraboles comme préfigurations du Royaume de Dieu
Les paraboles de Jésus sont des enseignements profonds et symboliques qui révèlent des vérités spirituelles sur le Royaume de Dieu. Elles utilisent des images et des histoires simples pour expliquer des réalités spirituelles complexes, souvent en lien avec les préfigurations et les réalisations du plan divin.

Nature des paraboles :

- ***Méthode d'enseignement :*** Jésus utilise des paraboles pour communiquer des vérités spirituelles d'une manière accessible tout en cachant des mystères à ceux qui ne sont pas réceptifs (Matthieu 13:10-13). Les paraboles permettent aux auditeurs d'explorer les réalités du Royaume de Dieu de manière plus profonde, offrant des insights sur la nature de Dieu, la foi, et le comportement attendu des disciples.
- ***Préfiguration et révélation :*** Les paraboles préfigurent souvent des aspects du Royaume de Dieu qui se manifestent dans la vie et l'œuvre de Jésus. Elles préfigurent la réalité du Royaume en utilisant des images et des situations familières pour préparer les auditeurs à une compréhension plus profonde de la nouvelle alliance et de la mission de Jésus.

Exemples de paraboles et explications :

- ***La Parabole du semeur (Matthieu 13:3-9, 18-23)*** :
  Contexte et signification : Cette parabole décrit un semeur qui sème des graines dans différents types de sol, représentant la réception du message de l'Évangile par différentes personnes. Les différents types de sol (le chemin, les pierres, les épines, et la bonne terre) symbolisent les différentes réponses humaines à la parole de Dieu. Cette parabole illustre comment le Royaume de Dieu se déploie à travers la réponse individuelle à la vérité divine.
  Préfiguration du Royaume : La parabole préfigure le Royaume de Dieu comme un domaine où le fruit de la foi varie selon la réception de la Parole. Elle enseigne que la croissance spirituelle et la réalisation du Royaume sont influencées par la qualité de la réponse des individus à l'enseignement de Jésus.

- ***La Parabole du Bon Samaritain (Luc 10:25-37) :***
  Contexte et signification : Dans cette parabole, Jésus décrit l'histoire d'un Samaritain qui aide un homme blessé, tandis que d'autres, y compris un prêtre et un lévite, passent à côté sans intervenir. La parabole met en évidence l'importance de l'amour du prochain et l'étendue de la compassion attendue des disciples du Christ.
  Préfiguration du Royaume : Cette parabole préfigure le Royaume de Dieu en montrant que l'amour et la compassion transcendent les barrières sociales et

religieuses. Elle révèle que le véritable Royaume de Dieu est caractérisé par des actions de miséricorde et d'amour universel, reflétant la nature inclusive et radicale de l'amour divin.

- ***La Parabole du Fils prodigue (Luc 15:11-32) :***
  Contexte et signification : Cette parabole raconte l'histoire d'un fils qui demande son héritage, se perd dans une vie de débauche, et revient ensuite repentant vers son père, qui l'accueille avec joie. Elle illustre le pardon et la réconciliation offerts par Dieu, même aux pécheurs repentants.
  Préfiguration du Royaume : La parabole préfigure le Royaume de Dieu en montrant que la grâce et le pardon sont des éléments essentiels du Royaume. Elle illustre que Dieu accueille avec miséricorde tous ceux qui se repentent, soulignant la nature du Royaume comme un lieu de réconciliation et de restauration.

- **La parabole de la montagne (Matthieu 5-7) :**
  Contexte et signification : Bien que techniquement une série de discours plutôt que d'une seule parabole, le Sermon sur la Montagne utilise des images et des enseignements symboliques pour décrire les principes du Royaume de Dieu. Jésus y explique des concepts tels que les béatitudes, la loi du Royaume, et les comportements attendus des citoyens du Royaume.
  Préfiguration du Royaume : Ce sermon préfigure la réalisation des principes du Royaume de Dieu dans la vie quotidienne. Il offre une vision des valeurs du Royaume, telles que l'humilité, la miséricorde, et la pureté de cœur, et montre comment ces valeurs se manifestent dans la vie des disciples.

Les paraboles de Jésus ne sont pas seulement des histoires morales mais des préfigurations du Royaume de Dieu. Elles utilisent des images concrètes pour dévoiler des vérités spirituelles profondes et préparer les auditeurs à une compréhension plus profonde de la mission et du Royaume. À travers ces paraboles, Jésus révèle la nature du Royaume de Dieu, ses valeurs, et les attentes pour ceux qui y entrent, offrant une vision claire et vivante de la réalité spirituelle que Jésus est venu inaugurer.

3. La transfiguration

La transfiguration de Jésus (Matthieu 17:1-9)

La transfiguration de Jésus est un événement clé du Nouveau Testament qui révèle la véritable identité divine de Jésus et anticipe sa gloire future. Cet événement est riche en symbolisme et préfigurations, soulignant l'accomplissement des prophéties de l'Ancien Testament et affirmant la mission messianique de Jésus.

Le contexte et la signification :

- ***Événement sur la montagne :*** Jésus emmène Pierre, Jacques et Jean sur une haute montagne. Là, il est transfiguré devant eux : « Son visage resplendit comme le soleil, et ses vêtements devinrent blancs comme la lumière » (Matthieu 17:2). Cette transformation visuelle montre la gloire divine de Jésus, un aperçu de sa divinité et de la gloire à venir après sa résurrection.
- ***Voix du ciel :*** Pendant la transfiguration, une voix venant de la nuée déclare : « Celui-ci est mon Fils bien-aimé, en qui j'ai mis toute mon affection : écoutez-le ! » (Matthieu 17:5). Cette déclaration divine confirme la filiation divine de Jésus et l'autorité de ses enseignements.

Préfiguration de la gloire future :

- ***Anticipation de la résurrection :*** La transfiguration offre un aperçu de la résurrection et de la gloire céleste de Jésus. Elle prépare les disciples à comprendre que, bien que Jésus doive souffrir et mourir, sa mort n'est pas la fin. La gloire manifestée lors de la transfiguration est un avant-goût de la gloire éternelle qui sera pleinement révélée après la résurrection.
- ***Consolation pour les disciples*** : Cet événement fortifie la foi des disciples en leur offrant une vision de la puissance et de la gloire divine de Jésus. La transfiguration les aide à traverser les épreuves à venir, en leur donnant une assurance tangible de la victoire finale de Jésus sur la mort.

Moïse et Élie comme témoins de la Gloire de Jésus

La présence de Moïse et Élie lors de la transfiguration n'est pas fortuite. Ces deux figures majeures de l'Ancien Testament représentent la Loi et les Prophètes, et leur apparition témoigne de l'accomplissement des Écritures en Jésus.

Symbolisme de Moïse et Élie :

- ***Moïse : La Loi*** : Moïse, le législateur, représente la Loi de l'Ancien Testament. Sa présence lors de la transfiguration souligne que Jésus est le nouveau Moïse, accomplissant et surpassant la Loi. Moïse a conduit le peuple hors de l'esclavage en Égypte ; de même, Jésus libère l'humanité de l'esclavage du péché.
- ***Élie : Les Prophètes*** : Élie, le prophète puissant, représente tous les prophètes de l'Ancien Testament. Sa présence atteste que Jésus est le prophète promis, celui qui accomplit toutes les prophéties messianiques. Élie a été un fervent

défenseur de la pureté religieuse en Israël, et Jésus continue cette mission en purifiant et en renouvelant le peuple de Dieu.

Dialogue avec Jésus :

- ***Thème de la passion :*** Luc 9:31 précise que Moïse et Élie parlaient avec Jésus de « son départ qu'il allait accomplir à Jérusalem ». Ce terme « départ » (exodus en grec) fait écho à l'Exode de Moïse, indiquant que la passion et la crucifixion de Jésus sont un nouvel Exode, libérant l'humanité du péché. Ce dialogue souligne que la mort de Jésus est un élément central du plan de rédemption de Dieu.
- ***Confirmation messianique*** : La présence de ces figures vénérables de l'Ancien Testament confirme que Jésus est bien le Messie attendu, celui qui accomplit la Loi et les Prophètes. Leur témoignage visuel et leur dialogue avec Jésus renforcent l'authenticité et l'autorité de sa mission.

La transfiguration de Jésus est un événement majeur qui préfigure sa gloire future et confirme sa mission divine. En apparaissant dans une gloire éclatante, Jésus montre aux disciples un aperçu de sa divinité et de sa victoire sur la mort. La présence de Moïse et Élie souligne l'accomplissement des Écritures et renforce la continuité entre l'Ancien et le Nouveau Testament. À travers la transfiguration, les croyants reçoivent une révélation claire de l'identité messianique de Jésus et une assurance de la gloire à venir, invitant à une foi renouvelée et à une compréhension plus profonde du plan de Dieu pour l'humanité.

Conclusion

Ce livret a exploré les diverses préfigurations bibliques qui pointent vers Jésus-Christ comme le Messie attendu. Ces préfigurations, enracinées dans l'Ancien Testament et illuminées dans le Nouveau Testament, démontrent la cohérence et la profondeur du plan divin pour l'humanité.

Les fondements des préfigurations bibliques ont été établis en définissant ce qu'elles sont et en montrant leur pertinence à travers des exemples tirés de différents contextes religieux et culturels. Leur importance dans la théologie chrétienne est cruciale, car elles valident la mission de Jésus-Christ et renforcent la foi chrétienne.

Dans le livre de la Genèse, Adam est comparé à Jésus, illustrant comment Jésus est venu restaurer ce qui avait été perdu par Adam. Melchisédek, en tant que roi-prêtre, et son interaction avec Abraham, ainsi que la prêtrise éternelle de Jésus, établissent un lien sacré. Le sacrifice d'Isaac par Abraham préfigure le sacrifice ultime de Jésus sur la croix, démontrant la foi et la fidélité. La vie de Joseph, rejeté par ses frères puis devenu sauveur, préfigure la réconciliation et le salut en Christ.

L'Exode présente Moïse comme une préfiguration de Jésus, montrant les parallèles entre Moïse, libérateur d'Israël, et la mission de Jésus. La Pâque et l'agneau pascal sont significatifs, avec Jésus comme l'Agneau de Dieu. La manne dans le désert est un autre exemple, Jésus se présentant comme le pain de vie. Les tablettes de la loi brisées par Moïse symbolisent Jésus brisé pour nos iniquités, et la deuxième montée de Moïse pour la rédemption du peuple renforce cette image.

Les livres historiques et poétiques offrent également des préfigurations, comme Ruth, image de l'Église, et Boaz, préfiguration de Christ le rédempteur. David, le roi selon le cœur de Dieu, et les prophéties messianiques concernant sa lignée, montrent la continuité du plan divin.

Les prophètes apportent leur lot de préfigurations, avec le serviteur souffrant d'Ésaïe décrivant le Messie souffrant et son accomplissement dans la passion et la crucifixion de Jésus. Jérémie parle d'une nouvelle alliance, accomplie en Jésus, et Ézéchiel décrit le bon pasteur, préfigurant Jésus comme le bon berger.

Dans le Nouveau Testament, Jean-Baptiste est présenté comme le précurseur de Jésus, avec des parallèles à Élie. Les paraboles de Jésus servent de préfigurations du Royaume de Dieu, illustrant leur portée et leur signification. La transfiguration de Jésus, avec Moïse et Élie comme témoins de sa gloire, préfigure sa résurrection et sa gloire future.

Ce voyage à travers les Écritures met en lumière comment chaque préfiguration révèle et confirme l'identité et la mission de Jésus-Christ. Chacune d'elles est une preuve supplémentaire que Jésus est le Messie annoncé, accomplissant les promesses et les prophéties de l'Ancien Testament dans le Nouveau Testament.

Aller plus loin…

Je vous encourage vivement à continuer d'étudier les Écritures. La Bible est une source inépuisable de sagesse et de vérité, et chaque lecture peut apporter de nouvelles compréhensions et révélations. En approfondissant votre connaissance des Écritures, vous renforcerez non seulement votre foi, mais aussi votre relation avec Dieu.

Enfin, je vous invite à développer une relation personnelle avec Jésus-Christ. Il ne s'agit pas seulement de reconnaître les préfigurations et les prophéties, mais de les laisser transformer votre vie. Jésus-Christ est vivant et désire entrer en relation avec chacun de nous. Que cette étude des préfigurations bibliques vous inspire à le chercher, à le connaître plus intimement, et à marcher avec lui chaque jour.

Appendices

Table des références Bibliques

Cette table présente les principales références bibliques utilisées dans le livret.

Ancien Testament

- Genèse: 2:15-17; 3:6; 22:1-14; 37:3-36; 41:14-30
- Exode: 3:10; 12:1-14; 16:4-36; 19:20-25; 32:15-19
- Psaume: 110:1-4
- Ruth: 1:1-16; 2:1-12

Nouveau Testament

- Jean: 1:29; 6:31-35
- Matthieu: 11:14; 17:1-9
- Luc: 22:20
- Romains: 5:14
- Jean: 1:29; 6:31-35

Prophètes

- Ésaïe: 53:1-12
- Jérémie: 31:31-34
- Ézéchiel: 34:11-16

Liste des passages Bibliques citée dans le livret

Cette liste fournit les passages bibliques complets cités dans le livret pour référence et étude approfondie.

Ancien Testament

- Genèse 2:15-17: Le jardin d'Éden et le commandement donné à Adam.
- Genèse 3:6: La chute d'Adam et Ève.
- Genèse 22:1-14: Le sacrifice d'Isaac par Abraham.
- Genèse 37:3-36: La vente de Joseph par ses frères.
- Genèse 41:14-30: Joseph interprète les rêves de Pharaon.
- Exode 3:10: L'appel de Moïse pour libérer Israël.
- Exode 12:1-14: La Pâque et l'agneau pascal.
- Exode 16:4-36: La manne dans le désert.

- Exode 19:20-25: Moïse monte sur le Sinaï.
- Exode 32:15-19: Moïse brise les tables de la loi.
- Psaume 110:1-4: La prophétie messianique concernant la lignée de David.
- Ruth 1:1-16: Ruth suit Naomi et se déclare fidèle.
- Ruth 2:1-12: Ruth rencontre Boaz dans les champs.

Nouveau Testament

- Jean 1:29: Jésus comme l'Agneau de Dieu.
- Jean 6:31-35: Jésus se déclare le pain de vie.
- Matthieu 11:14: Jean-Baptiste comme Élie.
- Matthieu 17:1-9: La transfiguration de Jésus.
- Luc 22:20: La nouvelle alliance en Jésus.
- Romains 5:14: Adam comme figure de Christ.
- Jean 1:29: Jésus comme l'Agneau de Dieu.
- Jean 6:31-35: Jésus comme le pain de vie.

Prophètes

- Ésaïe 53:1-12: Le serviteur souffrant.
- Jérémie 31:31-34: La promesse d'une nouvelle alliance.
- Ézéchiel 34:11-16: Le bon pasteur.

Ces appendices servent de référence pour approfondir l'étude des préfigurations et comprendre leur contexte biblique.

Glossaire des termes théologiques

Agneau de Dieu
Titre donné à Jésus-Christ, signifiant qu'il est le sacrifice parfait qui prend les péchés du monde (Jean 1:29).

Alliance
Accord sacré entre Dieu et l'humanité. Les alliances importantes dans la Bible incluent l'alliance avec Noé, Abraham, Moïse et la nouvelle alliance en Jésus-Christ.

Ancien Testament
Première partie de la Bible chrétienne, comprenant les livres avant la venue de Jésus-Christ, incluant la Torah, les Livres historiques, les Livres poétiques et les Prophètes.

Croix
Instrument de la crucifixion de Jésus-Christ, symbole central du christianisme représentant le sacrifice et la rédemption.

Église
Communauté des croyants en Jésus-Christ, considérée comme le corps du Christ sur terre.

Ézéchiel
Prophète de l'Ancien Testament qui parle du bon pasteur et de la restauration d'Israël (Ézéchiel 34).

Genèse
Premier livre de la Bible, qui décrit la création, les premiers êtres humains, et les patriarches comme Abraham, Isaac et Jacob.

Jean-Baptiste
Précurseur de Jésus-Christ, considéré comme l'Elie à venir (Matthieu 11:14).

Jérémie
Prophète de l'Ancien Testament qui annonce la nouvelle alliance (Jérémie 31:31-34).

Jésus-Christ
Figure centrale du christianisme, reconnu comme le Messie et le Fils de Dieu, dont la vie et le sacrifice accomplissent les prophéties de l'Ancien Testament.

Kénose
Concept théologique décrivant le processus par lequel Jésus-Christ a renoncé à sa gloire divine pour devenir humain (Philippiens 2:7).

Manne
Nourriture miraculeuse fournie par Dieu aux Israélites dans le désert, préfigurant Jésus comme le Pain de Vie (Exode 16; Jean 6:31-35).

Messie
Terme hébreu signifiant « l'oint », désignant Jésus-Christ comme le Sauveur attendu, accomplissant les prophéties de l'Ancien Testament.

Moïse
Libérateur d'Israël et figure de prêtrise dans l'Ancien Testament, préfigurant Jésus-Christ (Deutéronome 18:15).

Nouvelle alliance
Accord établi par Jésus-Christ qui remplace l'ancienne alliance mosaïque, fondé sur la grâce et le sacrifice de Jésus.

Parabole
Histoire courte avec une leçon morale ou spirituelle, souvent utilisée par Jésus pour enseigner des vérités profondes sur le Royaume de Dieu.

Pâque
Fête juive célébrant la libération des Israélites de l'esclavage en Égypte, avec un agneau sacrificiel, préfigurant le sacrifice de Jésus (Exode 12).

Pain de Vie
Titre utilisé par Jésus pour se décrire comme la nourriture spirituelle essentielle pour la vie éternelle (Jean 6:31-35).

Psaumes
Collection de prières et de chants dans l'Ancien Testament, contenant des prophéties messianiques (Psaume 110).

Prêtrise
Fonction d'un prêtre qui agit comme médiateur entre Dieu et les hommes. Melchisédek est une figure de prêtrise éternelle, préfigurant Jésus.

Préfiguration
Événement, personne ou symbole dans l'Ancien Testament qui anticipe ou préfigure une réalité future révélée dans le Nouveau Testament.

Rédemption
Processus par lequel l'humanité est libérée du péché et de la mort par le sacrifice de Jésus-Christ.

Roi-Prêtre
Figure combinant les rôles de roi et de prêtre. Melchisédek et Jésus-Christ sont des exemples de roi-prêtre.

Serviteur souffrant
Figure messianique dans Ésaïe 53 qui souffre pour les péchés des autres, interprété par les chrétiens comme prophétie concernant Jésus-Christ.

Transfiguration
Événement où Jésus révèle sa gloire divine à ses disciples, apparaissant avec Moïse et Élie (Matthieu 17:1-9).

Type
Personne ou événement dans l'Ancien Testament qui préfigure une réalité future révélée dans le Nouveau Testament.

Vieux Testament
Autre nom pour l'Ancien Testament, la première partie de la Bible chrétienne.

Vérité
Concept de ce qui est réel et authentique dans le contexte théologique, souvent associé à Jésus-Christ comme « la Vérité » (Jean 14:6).

Zacharie
Prophète de l'Ancien Testament dont les visions sont interprétées comme annonçant la venue du Messie et la restauration d'Israël.

Ce glossaire est conçu pour clarifier les termes essentiels abordés dans le livret, facilitant ainsi une compréhension approfondie des concepts théologiques et bibliques.

MIX
Papier aus verantwortungsvollen Quellen
Paper from responsible sources
FSC® C105338

Printed by Books on Demand GmbH, Norderstedt / Germany